Die moderne Trauerfeier

Kathrin Bultmeyer

WIDMUNG

DIESES BUCH MÖCHTE ICH MEINER
AUßERGEWÖHNLICHEN FREUNDIN DANA
WIDMEN.
OHNE SIE WÄRE ICH NIE ZU MEINER
TÄTIGKEIT ALS TRAUERREDNERIN
GEKOMMEN.

Bibliografische Information der Deutschen Nationalbibliothek:

Die Deutsche Nationalbibliothek verzeichnet diese Publikation in der Deutschen Nationalbibliografie; detaillierte bibliografische Daten sind im Internet über http://dnb.dnb.de abrufbar.

Copyright © 2018 Kathrin Bultmeyer

Herstellung und Verlag: BoD - Books on Demand, Norderstedt

Alle Rechte vorbehalten.
ISBN: 978-3-7528-5872-3

INHALT

DANKSAGUNG

AN DIESER STELLE MÖCHTE ICH MICH BEI
MEINEM EHEMANN GANZ HERZLICH
BEDANKEN.
DENN OHNE IHN WÜRDE ES DIESES BUCH
GAR NICHT GEBEN.
NICHT NUR EINMAL HAT ER MICH IN
MEINEM TUN BESTÄRKT.
ER HAT MIR AUCH DIE ZEIT GESCHAFFEN,
DIESES BUCH ZU SCHREIBEN.

DANKE, ICH LIEBE DICH!

EINFÜHRUNG

Als Erstes möchte ich mich Ihnen vorstellen. Ich heiße Kathrin Bultmeyer und bin von Beruf Trauerrednerin.

Durch meine Freundin, die Bestatterin ist, kam ich auf diese interessante Arbeit. Sie erzählte mir, dass sich immer mehr Angehörige für eine weltliche Trauerfeier entscheiden und es noch nicht genügend freie Redner bzw. Trauerredner gibt. Also dachte ich einige Tage über ihre Worte nach. Welche Anforderungen würde diese Arbeit wohl an mich stellen?
Schaffe ich es vor so vielen Menschen zu sprechen?
Aber vor allem: Wie bekomme ich eine gelungene Trauerfeier überhaupt hin?
Wie stelle ich mir gar meine eigene Beerdigung vor?

Fragen über Fragen. Da ich eher ein Mensch der Taten bin, absolvierte ich kurz darauf ein Seminar zur Trauerrednerin. In dieser Zeit konnte ich viele meiner Fragen klären und den Rest würde die Zeit und die Erfahrung schon noch bringen. Mutig und vor allem motiviert legte ich los...

Mittlerweile habe ich schon zahlreiche Trauerfeiern begleitet und doch ist jede Trauerfeier anders. Und das ist auch gut so. Denn jeder Mensch ist anders!
Und das macht diesen Beruf auch so interessant und aufregend. Die Arbeit mit den Angehörigen empfinde ich immer als sehr angenehm. Dabei bekomme ich meistens das Gefühl in einem Team zu sein, das

gemeinsam das gleiche Ziel verfolgt: Eine würdevolle Trauerfeier für den Verstorbenen zu gestalten.

Natürlich wird in diesem Rahmen oft geweint, aber manchmal auch gelacht und vor allem ganz viel erzählt. Meine Arbeit lebt davon. Ohne das Vertrauen der Angehörigen und ihren liebevollen Erzählungen könnte ich niemals eine einzigartige Trauerfeier formen.

Nun stellt sich einem vielleicht die Frage, was eine Trauerfeier denn einzigartig macht.

Privat war ich vorab schon auf einigen Beerdigungen gewesen. Doch bei dem Gedanken an meine eigene Trauerfeier, da stelle ich mir dann doch etwas anderes vor. Etwas mehr!

Ich würde mir wünschen, dass richtig über mich gesprochen wird und sich derjenige, der spricht an meinen Namen erinnert, ohne vorher in seiner Mappe zu blättern.

Ich würde mir wünschen, dass auf meine Angehörigen eingegangen wird, besonders auf meine Kinder. Gerade wenn sie noch klein wären.

Ich würde mir wünschen, dass jeder, der an meiner Trauerfeier teilnimmt, mich wenigstens einmal in den Erzählungen vor seinem geistigen Auge wieder sieht und innerlich nickt. Ja, so war sie oder ja, das habe ich mit ihr erlebt.

Am wichtigsten wäre mir jedoch, dass jeder, auch jemand Fremdes meinetwegen, nach der Trauerfeier beim Rausgehen eine grobe Vorstellung davon bekommen hat, wer ich war.

Und vielleicht auch ein Stück weit das Gefühl hat, mich gekannt zu haben.

Ja, das alles würde ich mir wünschen und ich denke so

schwer ist das auch gar nicht umzusetzen.

Das Entscheidende für eine gelungene Trauerfeier ist das Vorgespräch mit den Angehörigen.
Am liebsten besuche ich die Angehörigen abends. Dann habe ich alle Zeit der Welt und muss nicht ständig gehetzt auf die Uhr schauen. Das bringt mir nichts außer Unruhe, die wiederum zur Folge hat, dass es die Angehörigen merken und sich dadurch nicht richtig öffnen.
Manchmal schicke ich vorab noch einen Leitfaden per E-Mail.. Daran können sich die Angehörigen orientieren, welche Fragen ich ihnen wohl stellen werde, wenn ich sie besuchen komme. So können sie sich dazu schon einmal ein paar Gedanken machen. Ich betone aber immer, dass es kein Muss ist, den Leitfaden zu lesen, sondern viel mehr als ein Angebot angesehen werden soll.

Beim Vorgespräch selbst sitze ich gerne an einem Tisch mit guter Beleuchtung, denn ich schreibe alles mit. Ich kann jeden nur davor warnen, zu glauben, sich alles merken zu können oder sich nur ein paar grobe Notizen zu machen. Wie schon gesagt, ich schreibe alles auf, jedes noch so kleine Detail. Auch Sachen, die mir die Angehörigen erzählen, aber nicht möchten, dass ich sie in der Rede verwende. Deshalb lese ich mein Geschriebenes auch meistens noch einmal vor. Das dient mir zum einen zur Kontrolle, falls sich doch einmal ein Fehler eingeschlichen hat. Dieses kann beispielsweise bei den Daten sehr schnell passieren. Außerdem muss noch nicht einmal mir der Fehler unterlaufen sein, manchmal irren sich auch einfach die Angehörigen und wenn ich ihnen das Hochzeitsdatum dann noch einmal vortrage, kommen plötzlich Proteste.

Zum anderen zeigt es auch den Angehörigen, was wir schon zusammen erarbeitet haben und oft lächeln sie dann. Sie freuen sich, wenn ich ihnen die Geschichten, die sie zuvor mir erzählt haben, noch einmal wiedergebe.

Das erfreut wiederum mein Herz.

Am wichtigsten finde ich aber, dass man gut zuhört. Es geht in diesem Gespräch nur um die Familie. Ich persönlich vermeide es, eigene Erfahrungen, Erlebnisse oder dergleichen an diesem Abend einzubringen. Das ist manchmal schwer und es reizt einen auch, etwas Persönliches zu erzählen. Aber es geht nicht um mich! Es ist ganz wichtig, das zu begreifen. Natürlich antworte ich auch auf persönliche Fragen, wenn sie denn mal gestellt werden, aber das kommt auch nur äußerst selten vor.

Wenn man sich also genug Zeit nimmt (wohl gemerkt nach zwei Stunden war ich spätestens auch immer fertig) und alles vernünftig mitschreibt, hat man schon einen ganz wesentlichen Teil richtig gemacht.

Wenn man dann noch zusätzlich das Wichtigste beherzigt, nämlich die Angehörigen reden lässt und dabei aufmerksam zuhört, ja dann hat man wirklich schon die besten Voraussetzungen für eine gelungene Trauerfeier.

Jetzt fehlt nur noch eines. Das gewisse Etwas!

Das ist bei meinen Trauerfeiern, bei jedem Verstorbenen etwas anderes. Für manche schreibe ich ein kleines Gedicht. Bei anderen wiederum finden Aktionen während der Trauerfeier statt und wieder andere leben nur von den Erzählungen ihrer Angehörigen und somit von einer ganz bunten einzigartigen Rede.

Mir persönlich ist es einfach unheimlich wichtig, dass sich eine Trauerfeier von allen anderen unterscheidet und einzigartig ist.

Denn jeder Mensch und jedes Leben ist so individuell, nur die Trauerfeiern sind es oft nicht.

Warum eigentlich? Nun, es ist schon ein gewisses Maß an Arbeit nötig und auch der Wille eine schöne Trauerfeier zu gestalten. Ebenso sollte man, wie schon erwähnt, den Angehörigen genau zuhören und auch hinterfragen, welche Vorstellungen sie haben. Dann braucht man noch ein wenig Kreativität und ein bisschen Mut, manche Möglichkeiten auch vorzuschlagen und dann umzusetzen. Aber es lohnt sich und ich kann jeden nur ermutigen sich die Zeit zu nehmen. Denn nicht nur die Angehörigen freuen sich und sind dankbar über einen gelungenen schönen Abschied. Ich denke man ist es doch in erster Linie dem Verstorbenen schuldig, einen würdevollen und einzigartigen Abschied in seinem Namen zu feiern.

Denn genauso einen wünsche ich mir doch auch!

NACH EINEM UNFALL

Wenn jemand durch einen Unfall stirbt, geschieht dieses meistens plötzlich und unerwartet. Zuerst denke ich da immer an einen Autounfall und stelle mir einen jungen Mann vor, der zu schnell gefahren ist. Nachts klingelt die Polizei und überbringt den Eltern die schreckliche Nachricht, die für immer ihr Leben verändern wird. Bei meiner Freundin war es zumindest damals so, als ihr Bruder verstorben ist.

Natürlich gibt es noch unzählige andere Unfälle. Der Vater von meinem Bekannten wurde von einer Welle nachts bei Sturm von seinem Segelboot gerissen. Eine besonders schlimme Situation damals, da man irgendwie immer noch hoffte ihn zu finden. Seine Leiche konnte aber nie geborgen werden und so wurde er dann nach einer gewissen Zeit für Tod erklärt. Trotzdem war es seltsam, eine Trauerfeier ohne Sarg oder Urne.

Doch was bleibt einem anderes übrig, wenn einem die Leiche fehlt?

Ich möchte nicht noch mehr Arten von Unfällen aufzählen. Es gibt so viele verschiedene Möglichkeiten und eine ist trauriger als die andere. Konzentrieren wir uns darauf, was sie alle gemeinsam haben.

1) Zum einen, wie schon erwähnt, das Plötzliche und Unerwartete. Die Angehörigen stehen immer noch unter Schock.

2) Zum anderen auch die Frage, wie sieht der Leichnam aus? Ist er nahezu unkenntlich durch einen Unfall?

3) Bei einem Unfall sind die Menschen oft noch jung. Zumindest haben sie noch nicht das Alter erreicht, dass sich die Angehörigen schon je Gedanken über den Tod des Verunfallten gemacht hätten.

4) Manchmal kommt auf die Angehörigen auch die Frage nach einer Organspende zu.

5) Leider beinhaltet ein Unfall auch nicht selten, dass die Kriminalpolizei eingeschaltet wird, die Leiche obduziert werden muss und viele Fragen gestellt werden.

6) Zum Glück nur in Einzelfällen kommen noch Gerichtsverhandlungen und so weiter auf die Angehörigen zu.

Warum ist es wichtig sich diese Punkte einmal bewusst zu machen?

Ganz einfach, weil diese Punkte ganz klar das Trauergespräch und selbstverständlich auch die Trauerfeier maßgeblich beeinflussen.

Man muss darauf vorbereitet sein, die Angehörigen, die einen Menschen durch einen Unfall verloren haben, nicht unbedingt emotional gefasst vorzufinden. Und man sollte auch mit starken Gefühlsregungen rechnen. Denn das ist eine natürliche Reaktion auf die schreckliche Nachricht. Im Gegensatz zu einer langen Krebserkrankung hatten diese Angehörigen noch keine Zeit bzw. keinen Grund, sich mit dem Tod des Verstorbenen auseinanderzusetzen. Und jetzt müssen sie das nachholen, in Windeseile. Viele sind damit schlicht und ergreifend überfordert und das spiegelt sich eben auch in ihren Emotionen wieder.

Manche leiden auch sehr unter der Vorstellung, wie die letzten Minuten des Verstorbenen ausgesehen haben oder was mit seinem Körper passiert ist. Es macht ihnen Angst. Vielleicht mussten sie den geliebten Menschen auch identifizieren und ihre unerträglichen Vorstellungen haben noch Farbe bekommen.

Eltern, die auf einmal ihr Kind überleben, etwas, das so von der Natur nicht gewollt ist. Aber auch Kinder, die zu früh das Nest verlieren und ihre Eltern zu Grabe tragen müssen.

Manchmal kommt dann noch die Frage nach einer Organspende auf sie zu. Eine sehr schwere Frage. Wenn sie mich jetzt fragen würden und ich mich entscheiden müsste, ob man meinem Sohn die Organe entnehmen darf...

Ich würde mit ja antworten. Als stärkstes Argument für eine Spende wiegt bei mir die Tatsache, dass ich mich jederzeit, wenn es nötig wäre, auf die Liste setzen lassen würde, ebenso natürlich auch meine Kinder. Das heißt, wenn es nötig wäre, würde ich gerne ein Organ empfangen. Und wenn ich etwas bekommen möchte, so muss ich in meiner Vorstellung, auch bereit sein zu geben.

Außerdem finde ich es nicht schlimm verbrannt zu werden. Ich glaube nicht an unseren Körper, sondern an die Seele und die ist dann in meiner Vorstellung schon fort. Gleichwohl würde ich nicht die Augen freigeben oder das Gesicht. Damit hätte ich dann doch Probleme, komisch nicht wahr?!

Ich kann jede Entscheidung verstehen, die Angehörige in dieser Ausnahmesituation treffen müssen und auch meine Meinung schreibe ich jetzt salopp, in dem Wissen diese Entscheidung hoffentlich nie treffen zu müssen. Wie es an dem Tag, in dieser Stunde aussieht, kann ich bestenfalls erahnen und doch wollte ich Ihnen keine Antwort schuldig bleiben.

Besonders schlimm ist es auch für Angehörige, wenn die Polizei ins Spiel kommt. Sie müssen sich einer Befragung unterziehen und auch in Kauf nehmen, verdächtigt zu werden. Tragisch, wenn sie unschuldig sind und einfach nur einen geliebten Menschen verloren haben.

Ebenso nervenaufreibend kann das Warten sein, dass der Leichnam von der Polizei endlich freigegeben wird und bestattet werden darf.

Ja und wenn sich bei der Obduktion herausstellt, dass der Tod durch Fremdeinwirkung eintrat, dann müssen sich die Angehörigen auf einen Prozess einrichten. Diese Ungewissheit schafft Platz für Angst.

Es ist wichtig in einem Trauergespräch gezielt auf die Umstände einzugehen. Oftmals bekommt man in solchen Fällen jedoch schon vorab vom Bestatter ein paar Informationen, sodass man sich selbst schon ein wenig gedanklich darauf vorbereiten kann und nicht so ins offene Messer läuft. Ich persönlich halte es im Trauergespräch immer so, dass ich beim Ankommen die Situation erstmal auf mich wirken und die Angehörigen reden lasse. So bekomme ich schnell einen ersten Eindruck und ein Gefühl dafür, wie ich die Trauerfeier in etwa gestalten kann und welcher Mittel ich mich bedienen könnte. Natürlich frage ich auch immer, ob ich biblische Elemente mit in die Rede einbauen soll. Viele wünschen sich ein Vater unser, ganz gleich ob sie noch in der Kirche sind oder eben nicht.

Was ich nicht mache, ist segnen. Ich finde das steht mir nicht zu. Ich sehe mich als Menschen wie jeden anderen auch und deshalb empfinde ich es als falsch, mich über andere Menschen zu stellen und

Verstorbene zu segnen. Das erkläre ich auch genauso in den Trauergesprächen, falls der Wunsch einer Segnung geäußert wird.

An dieser Stelle möchte ich aber noch klar stellen, dass das meine Meinung ist und es soll sich bitte niemand angegriffen fühlen, der segnet. Ich habe das so für mich entschieden.

Wenn nun jemand plötzlich aus dem Leben getreten ist, sind da häufig noch Worte, die nicht gesagt oder vielleicht schon zu viel gesagt wurden. Deshalb bieten die folgenden Vorschläge eine schöne Möglichkeit noch einmal eine Brücke zwischen den Angehörigen und dem Verstorbenen zu schlagen.

1.) Briefe schreiben:
Ich biete an, dass die Angehörigen kleine Briefe schreiben können. Ganz gleich was da drin steht.
Ich vermisse dich.
Warum bist du fort?
Ich wollte dir noch sagen....

Damit möchte ich den Angehörigen die Chance geben, dem Verstorbenen noch einmal etwas sagen zu können.

Den nahen Angehörigen empfehle ich immer, dass sie die Briefe schon zuhause schreiben. Zum einen damit sie genug Zeit und Ruhe haben sich die passenden Worte zu überlegen und natürlich auch damit sie nichts vergessen. Zum anderen, weil sie die Trauerfeier schon so emotional ergreifen wird, dass es unwahrscheinlich ist, dass sie noch die richtigen Worte zu Papier bringen werden.

Für die restliche Trauergemeinde lege ich vor der Trauerfeier kleine Briefe zurecht und natürlich auch Kugelschreiber und biete ihnen dann an, während eines Liedes auch noch ein paar Worte an den Verstorbenen zu richten. Ich kündige im gleichen Atemzug an, dass wir die Briefe nach der Trauerfeier mit hinaus nehmen und dann ins Grab mitgeben. Des Weiteren betone ich aber immer, dass es nur ein Angebot sein soll und sich niemand genötigt fühlen soll etwas zu schreiben.

Die Möglichkeit Briefe zu verfassen wird in der Regel von den Angehörigen gut und gerne angenommen.

2.) Luftballons:
Je nach Größe der Trauergesellschaft besteht auch die Möglichkeit Luftballons steigen zu lassen und je nach Belieben auch Karten daran zu befestigen. Dieses ist natürlich etwas kostspieliger. Es wird aber besonders gerne bei sehr jungen Menschen angenommen.
Bei der Auswahl der Ballons, hier an dieser Stelle auch noch einmal der Hinweis, ist der Kreativität keine Grenzen gesetzt. Über Vereinsfarben (ich denke da mal wieder an Fußball), aber auch verschiedene Formen, zum Beispiel Tiere (bei einem Kind).

3.) Spenden um Leben zu geben:
Wie ich finde eine der schönsten Möglichkeiten. Es gibt bei UNICEF einen Online-Shop und dort kann man unter anderem Polioimpfungen erwerben. 100 Stück kosten in etwa 34€. Ich finde, dass solch eine Impfdosis wie ein Teelicht gesehen werden kann. Wenn nun jeder Trauergast ein Teelicht für den Verstorbenen anzündet und somit eine Impfung übernimmt, dann ist die Vorstellung einfach überwältigend, dass ein bisschen Leben wieder in die Welt hinausgebracht wird, von dem was einem genommen wurde.

Damit habe ich auch sehr gute Erfahrungen gemacht. Allerdings sollte man mit Bedacht schauen, wie man diese Möglichkeit unterbreitet, damit dieser Gedanke auch richtig verstanden und nicht als Geldeintreiberei gesehen wird.

Ich kann jeden nur zu dieser Idee ermutigen. Wie schon erwähnt, kam es bei den Trauerfeiern, die ich begleiten durfte sehr gut an und wurde als eine sehr schöne Idee gelobt, sowohl von den Angehörigen, als auch von den Gästen.

Im Vorfeld spreche ich dann immer noch einmal mit dem Bestatter und bitte ihn am Ein-/und/oder/ Ausgang einen Spendenkorb aufzustellen und ihn dementsprechend zu beschriften.

DER SUIZID

Bei einem Suizid verhält es sich ähnlich wie bei einem Unfall. Nicht selten sind die Verstorbenen etwas jünger und es geschieht plötzlich und unerwartet. Die Angehörigen sind meist zutiefst betroffen. Sie fühlen sich oft schuldig, es nicht verhindert haben zu können oder es nicht vorausgesehen zu haben.

Hinzu kommt aber auch noch oft ein Gefühl von Wut darüber, dass sich der Verstorbene das Leben genommen hat. Einfacher (wenn man in diesem Zusammenhang überhaupt von einfach sprechen kann) für die Angehörigen ist es natürlich, wenn sie wenigstens einen Abschiedsbrief erhalten haben.

Das Trauergespräch sollte mit viel Fingerspitzengefühl geführt werden und vor allem nicht dazu dienen, seine eigene Neugierde zu befriedigen. Ich halte es so, wenn mir die Angehörigen nicht von alleine erzählen, was genau geschehen ist, dann geht es mich auch nichts an und ich stelle keine weiteren Fragen mehr in diese Richtung.

Genauso wichtig ist es mir, noch einmal zu erwähnen, dass man über die Trauerfälle Stillschweigen zu bewahren hat. Auch wenn ein Todesfall durch seine Tragik in die Zeitung gelangt ist oder man die Trauerfeier eines etwas bekannteren Mensch hält. Ich persönlich erzähle grundsätzlich nie wen ich beerdige. Außer manchmal im Nachhinein, nämlich wenn ich direkt gefragt werde, hast du die Trauerfeier von Frau… gemacht? Dann sage ich ja oder nein. Ansonsten halte ich mich bedeckt.

Bei einem Suizid wünschen die Angehörigen auch mit unter einmal eine Trauerfeier mit übergeordneten Themen und keine persönliche Rede. Zu tief sitzen der Schmerz und die Enttäuschung über die Situation, in die sie der Verstorbene gebracht hat. Das muss man akzeptieren und auch verstehen. Ich erfrage dann lediglich, ob der Verstorbene gerne in der Natur gewesen ist und welche Jahreszeit er am liebsten hatte. Das erleichtert mir zuhause ein wenig die Arbeit, wenn es darum geht, welche Gedichte und Geschichten ich für die Trauerfeier auswähle.

Ganz wichtig: Die Frage, WIE der Verstorbene war, verkneife ich mir. Denn bei einem Suizid kann man freilich erahnen, dass nicht unbedingt die Adjektive glücklich und zufrieden fallen würden.
Außerdem sind die Angehörigen in dem Moment des Trauergesprächs meist eh völlig durcheinander. Sie zweifeln daran, den Toten wirklich gekannt zu haben. Denn eine solche Tat hätten sie ihm schließlich nie zugetraut. Somit erübrigt sich für mich diese Frage.

Noch weiteren ganz wichtigen Punkt sollten Sie im Trauergespräch beherzigen. Man sollte mit den Angehörigen unbedingt besprechen, ob erwähnt werden darf, dass es ein Suizid war. Selbst wenn es eine persönliche Rede ist, möchten doch viele Angehörige nicht, dass die Todesumstände näher erläutert werden.
Diesen wichtigen Punkt sollte man jedoch auch bei

allen anderen Trauerfällen klären, die nicht ruhig und friedlich zuhause eingeschlafen sind.
Ich frage diesen Punkt immer ab!

Nach den Wünschen der Angehörigen und dem Verlauf des Trauergesprächs würde ich die drei Möglichkeiten wie bei einem Unfall in Betracht ziehen.

1.) Briefe, die brennen:
Vor allem das Briefe schreiben kann hier noch einmal eine ganz wichtige Brücke sein. Worte der Wut, aber auch der Liebe und Dankbarkeit, des Verständnisses oder der Entschuldigung   können so formuliert werden.
Hierbei kann es einen besonders schönen Effekt haben, wenn man eine Feuerschale bereitstellt und die Briefe dann während eines Liedes in die Schale wirft. Zu sehen, wie sie vor den eigenen Augen verbrennen, kann ein sehr befriedigendes Gefühl sein.
Ich habe dann immer ein Gefühl, dass es sofort bei dem Verstorbenen ankommt, weil das Feuer den Brief so gierig verschlingt.

Das sollte man aber in jedem Fall vorher mit dem Bestatter besprechen. Gemeinsam sollte man überlegen, wo und wie man diese Vorstellung in die Tat umsetzt.
Außerdem hängt es auch von der Größe der Trauergemeinde ab. Ab zirka 30 Personen würde ich eher davon abraten. Es vergeht zu viel Zeit, ehe alle Personen ihre Briefe in die Feuerschale geworfen haben. Zudem kann es auch schnell ein undurchsichtiges Gewusel geben. Das wäre in einem solchen Moment wohl eher unerwünscht.

2.) Bilder:

Schön kann es auch sein, ein oder zwei Dinge, die dem Verstorbenen wichtig waren in der Trauerhalle zu dekorieren.

Es eignen sich auch ein paar Fotos, die den Toten bei seinem Hobby zeigen, je nach Belieben.

Zum Beispiel könnte ich mir bei einem Schreiner wunderbar vorstellen, einen Stuhl vorne zu platzieren und die Urne darauf zu stellen.

3.) Vereinskleidung:

War der Verstorbene in einem Verein? Ihm zu Ehren könnten die Trauergäste in Vereinskleidung erscheinen und nicht wie gewöhnlich in schwarz weiß oder bei einem Fußballfan ein Trikot der jeweiligen Mannschaft anziehen.

Mit diesen Möglichkeiten schafft man es, in die Trauerfeier doch wieder eine ganz persönliche und individuelle Note zu bekommen, selbst wenn sich die eigentliche Rede mit übergeordneten Themen befassen soll.

NACH LANGER ERKRANKUNG

Nach einer langen Erkrankung trifft man die Angehörigen, oft gefasst an. Natürlich ist es immer wieder erschreckend, wenn der Tag des Abschieds dann da ist, gleichwohl wussten die Angehörigen, dass dieser Tag naht. Sie hatten die Möglichkeit, sich die Zeit zu nehmen, um sich damit auseinander zusetzen.

Häufig bekomme ich auch Wünsche der Verstorbenen übermittelt, die sich selbst schon Gedanken darüber gemacht haben, wie ihre Trauerfeier sein soll. Liederwünsche, Gedichte, aber manchmal auch Worte, die unbedingt erwähnt werden sollen. Mitunter haben Angehörige schon etwas vorbereitet. Wobei ich gerade bei Reden immer daraufhin weise, dass das nicht leicht ist.
Denn auch ein noch so geübter Redner kann Probleme bekommen, wenn er emotional ergriffen ist. Selbst wenn man es schafft, als Redner seine Gefühle im Zaum zu halten, so sollte man auf keinen Fall unterschätzen, wenn man seine lieben Verwandten weinen sieht und besonders seine Kinder. Das kann einem geübten Sprecher enorm zusetzen.
Ich biete immer an, im Notfall den Text vorzutragen. Allerdings bestehe ich darauf, im Vorfeld eine Abschrift zu erhalten, damit ich dann nicht im Notfall über den Text holpere, weil ich die Schrift nicht lesen kann.
Nun zu den Möglichkeiten.

1.) Statements lesen:

Ich bitte die Angehörigen, mir kleine Statements über den Verstorbenen zu geben. Zum Beispiel frage ich, welche Eigenschaft sie am meisten an ihm geliebt haben. Und ich bitte die Angehörigen, diese Frage auch vielen nahen Verwandten zu stellen und mir die Antworten zu mailen oder eben telefonisch durchzugeben.

Ein bisschen Fleißarbeit ist hierbei natürlich gefragt. Zwischen Trauergespräch und Trauerfeier sollten auch ein paar Tage liegen, da man in der Regel zwei Tage warten muss, ehe man genügend Statements zusammen hat.

Die vielen kurzen Statements lese ich dann während der Trauerfeier vor. Viele Trauergäste freuen sich, wenn sie ihre Worte hören und es gibt ihnen ein Gefühl der Gemeinschaft, denn manche Sätze wiederholen sich eben auch. Das sollen sie auch, das ist richtig und wichtig, damit dieses Gefühl aufkommt und die Trauernden spüren, dass sie alle einen gleichen Verlust erlitten haben.

Welche Frage man nun stellt, da bleibt der Kreativität keine Grenzen gesetzt. Wichtig ist nur, dass alle die selbe Frage bekommen.

2.) Geschichten:

Ich lasse mir gerne im Trauergespräch eine Geschichte erzählen. Was war das schönste Erlebnis mit dem Verstorbenen oder auch das Lustigste.

Nach langer Erkrankung haben die Angehörigen oft schon die Kraft dankbar auf die schöne vergangene Zeit zu schauen und sie sind manchmal auch bereit, ein wenig zu lächeln und zu schmunzeln. Sie freuen sich über eine Geschichte, die ein wenig heiter ist und die einfach noch einmal genau beschreibt, wie der Verstorbene war.

Wenn man die Geschichte während der Trauerfeier vorträgt und am Ende der Geschichte ein paar Köpfe zustimmend nicken oder ein kleines Lächeln über ein Gesicht huscht, dann weiß man, dass man die richtige Geschichte gewählt hat.

3.) Das Lieblingsbuch:
Wer vor seinem Tod lange krank war, hat in der Regel viel Zeit in seinem Bett verbringen müssen. Viele Möglichkeiten der Freizeitgestaltung gibt es nicht. Doch das Lesen bietet eine willkommene Abwechslung.
Vielleicht gab es ein Lieblingsbuch oder einen Autor. Niemand verlangt, dass man als Trauerredner das Lieblingsbuch durchlesen oder alle Werke von einem bestimmten Autor kennen muss, nur um eine perfekte Wahl zu treffen. Es reichen doch Stichproben und ein Blick ins Buch und meist kann man daraus etwas Schönes für die Trauerfeier mit aufnehmen.

4.) Das Sterbedatum:
Eine weitere Möglichkeit, die ich immer nutze um der Trauerfeier noch einmal eine ganz persönliche Note zu verleihen, ist das Sterbedatum.
Ich schaue, wer alles an diesem Tag in der Vergangenheit verstorben ist, berühmte Persönlichkeiten und suche dann nach Parallelen. Zum Beispiel hat mein Opa den gleichen Todestag wie Humphrey Bogart. Das war unheimlich passend. Natürlich gehört zu dieser Möglichkeit ein bisschen

Glück und man muss auch seine Hausaufgaben im Trauergespräch gemacht haben, damit man überhaupt Parallelen findet.

5.) Der letzte Lebensabschnitt:
Besonders wichtig und schön KANN es auch sein, sich intensiv mit dem letzten Lebensabschnitt des Verstorbenen zu beschäftigen.

- Wie hat er sich verändert?

- Hat er die letzte Zeit noch einmal genutzt um zu reisen?

- Wurde noch einmal ein letzter Herzenswunsch erfüllt?
- Gab es Versöhnungen?

- Hat er noch einmal eine andere Blickweise auf das Leben bekommen?

Hat ihn die Erkrankung auch positiv verändert, so dass man sagen kann, dass er die letzte Zeit viel intensiver gelebt hat als den Rest seines bisherigen Lebens?

Diese Möglichkeit passt auf gar keinen Fall zu jeder Trauerfeier und auch hier gilt es während des Trauergespräches abzuwägen, ob diese Möglichkeit in Betracht kommt.

6.) Gemeinsam das Glas erheben:

Diese Möglichkeit hängt ein wenig davon ab, wer der Verstorbene war, denn diese Idee passt mal wieder wirklich nicht zu jedem.

Am Eingang werden kleine Schnäpse verteilt, mit und ohne Alkohol und am Ende der Trauerfeier, nach den Abschlussworten, erheben wir dann gemeinsam unser Glas auf den Verstorbenen. Besonders passend ist es, wenn der Verstorbene vielleicht Gastwirt war.

DAS KIND

Das wohl schlimmste Ereignis im Leben eines Menschen ist der Tod seines eigenen Kindes. Ich mag gar nicht daran denken und dieses Kapital zu schreiben, fällt mir schwer.

Dennoch muss es sein, da es leider auch immer wieder passiert, dass ein Kind stirbt. Zum Glück eher selten. Doch wenn es mal passiert, bleibt es auch bei uns Fachleuten eine Ausnahmesituation.

Damit will ich nicht sagen, dass wir dann nicht im Stande sind unsere Arbeit zu machen, sondern dass es auch in uns ein Gefühl der Traurigkeit, der tiefen Betroffenheit und des Mitgefühls auslöst. Vor allem wenn man selbst Kinder zuhause hat.

An einem solchen Tag, geht man abends noch einmal zu ihnen ans Bett, ganz gleich wie spät es ist. Man umarmt sie, obwohl sie schon schlafen und man ist unendlich froh und dankbar, dass man sie noch umarmen kann.

Umso unaussprechlicher sind die Gefühle der Eltern, die ein Kind verloren haben.

Das Trauergespräch ist beherrscht von Gefühlen. Deshalb sollte man selbst versuchen einen beherrschten Eindruck zu machen, auch wenn man selber alles andere ist.

Denn jetzt zählen nur die Eltern.

Man kann ihnen den Schmerz nicht nehmen, aber man kann ihnen helfen eine wunderschöne Trauerfeier für ihr geliebtes Kind zu gestalten. Das hilft den Eltern tatsächlich manchmal ein ganz klein wenig. Wenn das Gespräch zu Ende ist, atmen manche ein wenig erleichtert auf oder sie sagen, dass sie froh sind, dass ihnen wenigstens diese Last von den Schultern genommen wurde und sie das Gefühl haben einen würdevollen Abschied für ihr Kind erarbeitet zu haben.

Schwierig bei einem Kind ist häufig der kurze Lebenslauf. Deshalb hinterfrage ich ganz viel, wie ihr Kind war, um hinterher die kleine Persönlichkeit genau beschreiben zu können.
Ich lasse mir von Hobbys, Träumen und Leidenschaften berichten, aber auch von Freunden, die in der Kindheit auch eine ganz wichtige Rolle spielen.
Im Hinterkopf sollte man immer das Alter des Kindes haben, denn es verrät einem mit welchen Gästen man zu rechnen hat. Bei einem 10 jährigen Kind kann man wohl mit Recht davon ausgehen, dass viele gleichaltrige Kinder unter den Trauergästen sein werden!
Dementsprechend sollte man auch seine Rede aufbauen und darauf achten, mit nicht allzu hochtrabenden Worten um sich zu schmeißen. Genauso sollte man bei der Trauerlyrik nicht ganz so beherzt zugreifen.

Ein weiterer wichtiger Punkt von der die Trauerfeier abhängt ist, ob es Geschwisterkinder gibt.
Auf sie nehme ich während der Trauerfeier besonders viel Rücksicht. Die Rede versuche ich so zu schreiben, dass ich sie mit einbringe und dass sie den Inhalt der Rede auch verstehen. Vor der Trauerfeier spreche ich noch einmal mit ihnen und während der Feier versuche ich sie oft anzusehen.

Nun aber zu den Möglichkeiten. Gerade bei Kindern sollte man der Kreativität keine Grenzen setzen und auch besonders auf die Wünsche der Eltern und Geschwister eingehen.

1.) Aus dem Kinderzimmer:
Schön kann es sein, ein paar Gegenstände aus dem Kinderzimmer in der Trauerhalle zu platzieren. Vielleicht eine Puppe, ein Auto oder ein Plüschbär.
Damit erreicht man, dass die Trauerhalle nicht mehr ganz so fremd wirkt und ein vertrautes Gefühl aufkommt.
Zudem haben die anderen Kinder etwas zu gucken.
Natürlich muss man mit den Eltern in Ruhe besprechen, welche Lieblingsstücke sie bereit sind für die Trauerfeier kurz zu entbehren.

2.) Die Gute Nacht Geschichte:
Genauso schön kann es sein, wenn man noch einmal die Lieblingsgeschichte des Kindes vorträgt. Vielleicht hatte es eine Gute Nacht Geschichte, die es jeden Abend hören wollte. Wenn die Geschichte zu lang ist, kann man ja auch Auszüge lesen oder erzählen, worum es in der Geschichte geht und warum das Kind gerade diese Geschichte so geliebt hat.

4.) Papierschiffe:
Man faltet viele kleine Papierschiffe, die der Anzahl der Kinder, die zur Trauerfeier erwartet werden entsprechen.
Während der Trauerfeier kündigt man dann an, dass jedes Kind eines bekommt und es mit seinen Eltern an einem Fluss oder See aussetzt und es fahren lässt wohin es will.

Dann wird ein Lied gespielt und die Schiffchen werden verteilt, so dass jedes Kind eines bekommt.

5.) Das Lieblingstier:
Hatte das Kind vielleicht ein Lieblingstier? Dann könnte man dieses Tier, zum Beispiel einen Hund, als kleines Gummitier in größerer Stückzahl kaufen. Es wird während der Trauerfeier eine Geschichte zu diesem Tier erzählt und dann bekommt jedes Kind ein Gummitier zur Erinnerung und zum Trost, damit es sich immer an das verstorbene Kind erinnern kann.

6.) Laternen
Dabei kommt es ein wenig auf die Jahreszeit an. Im Sommer kommt dieser Effekt nicht so auf, aber in der dunklen Jahreszeit ist das eine schöne Idee.
Jedes Kind soll seine Laterne zur Trauerfeier mitbringen und wenn der Leichnam zu Grabe getragen wird, laufen alle Kinder mit ihren Laternen hinter dem Sarg her. Das sieht nicht nur unheimlich schön aus, meines Erachtens ist es auch eine große Ehre für das verstorbene Kind und die anderen Kinder haben das Gefühl etwas beigetragen zu haben.

7.) Eine Rakete
Eine ganz wilde Sache kann es sein, eine Rakete zum Himmel starten zu lassen.

Zugegeben, die Umsetzung ist nicht so einfach und natürlich sollte man sich vorher einmal mit dem Bestatter besprechen. Aber ich denke wenn man EINE Rakete startet, für ein Kind, das das Feuerwerk geliebt hat oder für einen kleinen Astronautenfan, dann hat dafür hoffentlich jeder Verständnis. Man muss es ja auch nicht direkt auf dem Friedhof machen…

Frei nach dem Motto, wo ein Wille ist, ist auch ein Weg!

Hierzu könnte man dann auch im Vorfeld eine kleine Geschichte erzählen, die dann durch die Rakete ihren Abschluss findet.

8.) Die Schulklasse
Vielleicht hat man ja auch das Glück, dass die Klassenkameraden zusammen mit ihrer Lehrerin etwas vorbereiten möchten, zum Beispiel ein Lied oder ein Gedicht. Vielleicht sammeln die Kinder auch ein paar Worte und tragen zusammen, was sie an dem verstorbenen Kind so geschätzt haben.

Es gibt noch so viele Möglichkeiten und Grenzen werden eigentlich nur durch zwei Fragen gesetzt:
Was wünscht sich die Familie?
Was ist man bereit, sich selbst als Trauerredner noch zusätzlich an Arbeit zuzumuten?

Denn all diese Möglichkeiten bedürfen doch mehr oder weniger der Fleißarbeit.
Ebenso ist etwas mehr Zeit nötig, um gewisse Dinge auch umsetzen zu können. Aber ich bin fest davon überzeugt, dass es sich lohnt! Und gerade für ein Kind, das nicht das Glück hatte alt werden zu dürfen.

NACH KURZER
ERKRANKUNG

Wenn man an eine kurze schwere Erkrankung denkt, so fällt doch gedanklich recht schnell das Wort Krebs. Das kann die Todesursache sein, muss es aber nicht. In der Praxis ist es jedoch die häufigste.

Die Angehörigen sind in dem Trauergespräch meist recht gefasst, aber unendlich traurig darüber, wie sich das Schicksal letztendlich gegen sie entschieden hat.

Eine schwere Zeit liegt hinter ihnen, in der sie gehofft, gebangt und gezittert haben.

Sie sind oft ausgemergelt und leer. Bis vor kurzem glaubten sie noch an ein Wunder.

Dann das Wissen, dass es kein Wunder geben wird und der Kampf verloren ist. Erst ging es um Wochen, dann um Tage, dann um Stunden bis der Abschied da war.

Manchmal sind finanzielle Angelegenheiten auch noch nicht erledigt, zu kurz war die Zeit sich darum zu kümmern und zu groß die Hoffnung, sich nicht darum kümmern zu müssen.

Mit viel Verständnis und Ruhe sollte man in das Trauergespräch gehen.

Wie ich bereits im Kapital Suizid erwähnte, möchte ich auch an dieser Stelle noch einmal darauf hinweisen, dass es wichtig ist mit den Angehörigen zu klären, in wie weit die Erkrankung beziehungsweise der Todestag erwähnt werden darf.

Denn oft wissen viele der Trauergäste gar nicht,

warum der Tote verstorben ist. Manche wissen noch nicht einmal, dass der Verstorbene an einer schweren Erkrankung litt. Denn einige Familien behalten es für sich, um die letzten Tage noch in Ruhe verbringen zu können. Das sollte man so auch respektieren.

Folgende Möglichkeiten würde ich in Betracht ziehen…

1.) Herzen aus Pappe:
Diese Möglichkeit ist eine wundervolle Idee und passt nahezu bei jeder Trauerfeier, ganz gleich ob alt oder jung.
Man stanzt oder schneidet Herzen aus und mit der Schere teilt man sie noch einmal in fast zwei Hälften, bis auf einen kleinen Zipfel. Ungefähr so, dass die zwei Seiten noch an einem seidenen Faden zusammenhängen. Schön ist es auch, wenn man rote Pappe verwendet.
Während der Trauerfeier kündige ich dann an, dass sich   jeder beim Auszug ein Herz nehmen darf und eine Hälfte mit ins Grab gibt und die andere Hälfte für sich zur Erinnerung behält.

2.) Kerzen:
Jeder Trauergast darf sich ein Teelicht nehmen und anzünden. Wo man sie aufstellt, hängt ein bisschen von den örtlichen Begebenheiten und dem Bestatter ab. Manchmal bietet es sich an, vor der Trauerfeier beim Einzug die Kerzen anzuzünden und vor dem Sarg zu platzieren.

Genauso schön kann es aber auch sein, während eines Liedes die Trauergäste nach vorne zu bitten und sie dann ihr Teelicht abstellen zu lassen.

Natürlich besteht diese Möglichkeit auch an der Grabstelle.
Individuell sollte man entscheiden, welcher Platz für die jeweilige Trauerfeier am besten geeignet ist.

3.) Alles ist bunt:
Eine weitere Möglichkeit ist es, dass die Trauergäste in bunter beziehungsweise farbiger Kleidung erscheinen und nicht wie gewohnt in schwarz.
Es gibt sogar Verstorbene, die diesen Wunsch vor ihrem Ableben geäußert haben.

4.) Alle stehen auf:
Zu Ehren des Verstorbenen lasse ich die Trauergemeinde auch gerne einmal aufstehen. Dann lese ich ihnen ein Gedicht vor oder einen Trauertext, den ich je nach Lebenslauf und Persönlichkeit des Verstorbenen aussuche.
Besonders hat sich bewährt, dass man diese Aktion zum Ende der Trauerfeier macht, um einen schönen Abschluss hinzubekommen. Außerdem hat es den Vorteil, dass die Leute dann schon einmal stehen und es den Auszug erleichtert.

Zum Schluss dieses Kapitals möchte ich Ihnen noch zum Thema Musik einen Rat geben.
Sie sollten Angehörige kritisch hinterfragen, wenn der Wunsch aufkommt ein gemeinsames Lied zu singen.

Denn damit dieses Lied auch gut klingt, bedarf es schon einer recht großen Trauergesellschaft von mindestens 50 Personen.
Das ist erstmal eine recht ordentliche Zahl, sollte man meinen. Doch sie müssen darauf gefasst sein, dass zehn Menschen nicht singen, weil sie emotional so

ergriffen sind. Weitere zehn, die einfach nicht mitsingen wollen und noch einmal zehn Personen, die Probleme mit dem Text haben. Das klingt hart, ist aber die Realität. Bleiben also noch zwanzig aktive Trauergäste, die dann mit zarter gebrochener Stimme vereinzelt ein paar Worte singen. Das hört sich nach meiner Erfahrung trauriger an, als wenn man sich gleich für ein Lied von einer CD entscheidet und somit einen Profi für sich singen lässt.

Zudem ist es meist ein Problem passende Stücke zu finden. Viele wünschen sich kirchliche Lieder, weil sie die von früher noch kennen.

Die meisten Kirchen stellen jedoch für eine weltliche Trauerfeier keine Gesangsbücher zur Verfügung. Man merkt, alles nicht so einfach!

DIE TRAUERFEIER AM GRAB

Die Trauerfeier am Grab kann einen auch vor gewisse Herausforderungen stellen. Denn zum einen hat man nur wenig Zeit, die Möglichkeiten sind begrenzt und das Wetter nicht vorhersehbar.

Trotzdem finde ich es wichtig, sich auch bei kurzen Trauerfeiern viel Mühe zu geben, denn der Verstorbene hat es nicht verdient mit drei Worten abgespeist zu werden. Das tut mir dann immer leid, wenn ich so etwas höre.

Ich versuche trotz der kurzen Zeit immer den Lebenslauf zu umreißen und schaue auch gerne noch einmal nach einem passendem Gedicht, entweder nach den Vorlieben des Verstorbenen oder der jeweiligen Jahreszeit.

1.) Die Schweigeminute:

Eine Schweigeminute kann bei einer Trauerfeier am Grab eine sehr schöne Möglichkeit darstellen. Denn zum einen ist die Trauergemeinde oft recht klein und zum anderen sind Angehörige, die sich für eine Trauerfeier am Grab entschieden haben, sowieso sehr in sich gekehrt und sehnen sich nach Ruhe.

Vorab kann man vielleicht ein schönes Gedicht vortragen, in dem es um das Erlebte geht, um die Vergangenheit und die Erinnerung. Damit möchte man die Angehörigen in ihre Gedankenwelt bringen, so dass sie in der Schweigeminute noch einmal ein paar schöne Erinnerungen durchleben können.

2.) Liebe, Danke und Erinnerung:
Wenn man diese drei Schlagwörter nimmt und die Angehörigen im Vorfeld dazu befragt…

Zum Beispiel:
Was war liebenswert an ihm?
Wofür sind sie ihm dankbar?
An was werden sie sich immer erinnern?

Am Grab sagt man, dass wir dem Verstorbenen diese Worte mitgeben möchten und trägt zu Liebe, Danke und Erinnerungen seine Recherchen vor.
Und schon hat man wieder eine ganz individuelle Trauerfeier geschaffen.

3.) Die Steine:
Jeder der Trauergäste bringt einen eigenen kleinen Stein zur Trauerfeier mit. Ein Stein aus dem eigenen Garten, vom Feldweg, von einer Reise, je nach Belieben. Der kleine Stein darf auch gerne noch signiert werden, mit einem Anfangsbuchstaben oder einem Herz, alles was den Gästen so einfällt.

Diese Steine werden wie schon gesagt am Tag der Trauerfeier mitgebracht und dann entweder mit ins Grab gelegt oder um das Grab herum platziert.

Als kleinen Tipp möchte ich an dieser Stelle noch mitgeben, dass man sich genau überlegen sollte, ob Musik gespielt werden soll.
Denn nicht nur die schlechte Witterung kann einer Beschallungsanlage zu schaffen machen. Ebenso setzt es eine geübte Hand des Benutzers voraus, damit die Technik auch funktioniert.

Außerdem muss die Beschallungsanlage schon recht ordentlich sein, damit die Umgebung nicht den Klang der Musik verschluckt.

DIE TOTGEBURT

Ein ganz schlimmes und immer noch oft totgeschwiegenes Ereignis ist die Totgeburt. Ein furchtbares Erlebnis für die Eltern und ganz besonders für die Frau.

Sie hat sich das Leben mit ihrem Baby vorgestellt. Die Welt auf seine Ankunft vorbereitet und sich den Tag der Geburt ausgemalt und herbeigesehnt.

Doch es kam anders.

Wenn der Tod eines ungeborenen Kindes bestätigt ist, muss die Frau das Kind zur Welt bringen, ob sie will oder nicht und zwar auf natürliche Weise. Zu gerne würden sich viele Frauen dieses Leid ersparen und einen Kaiserschnitt wählen, doch sie dürfen nicht. Sie müssen normal entbinden.

Noch stärker sind die Schmerzen unter der Geburt, denn die Frauen haben kein Ziel. Sie wissen nicht mehr wofür sie diese Schmerzen ertragen sollen und sie stehen im Grunde immer noch unter Schock von der Nachricht, dass ihr Kind tot ist.

Je nach Todesursache des Kindes haben viele Mütter auch Angst davor ihr Kind zu sehen.

Werden sie den Anblick verkraften?

Wie wird sich der Vater verhalten?

Wie wird er das alles verkraften?

Fragen über Fragen, die die Frauen unter der Geburt begleiten. Dann kommt ihr kleiner Schatz auf die Welt und sie stellen fest, dass ihr Baby wunderschön ist und einfach perfekt. Sie lieben es vom ersten Moment an und wollen es nicht mehr aus den Armen geben. Es gehört zu ihnen. Es ist ihr Kind, das sie all die Monate gespürt haben. Zuhause wartet ein fertiges

Kinderzimmer und im Schrank sind niedliche kleine Strampler, die nur darauf warten angezogen zu werden.

Doch in all diesen Gedanken hat die Zeit schon wieder begonnen zu laufen. Sie müssen ihr Kind abgeben. Viele Kinder werden noch obduziert und dann erst für die Bestattung frei gegeben.

Warum erzähle ich Ihnen das alles eigentlich?

Weil man zum Trauergespräch geht und die Trauerfeier gestaltet. Ich finde man sollte wenigstens ein bisschen Verständnis und Hochachtung vor den Eltern haben. Denn was sie die letzten Tage erlebt haben, ist nur schwer zu verarbeiten. Sie sind, wie man so schön sagt, durch die Hölle gegangen. Viele Frauen bekommen Depressionen und sind traumarisiert für ihr ganzes Leben. Selbst eine neue Schwangerschaft werden die allermeisten nicht mehr genießen können, zu groß ist die Sorge um ihren kleinen Liebling und die Angst ihn wieder zu verlieren.

Und wer jetzt meint, das kleine Baby hat keinen Lebenslauf, der irrt gewaltig. Zwar nur einen kleinen, aber das reicht. Denn das Baby hat schon viele Wochen in Mamas Bauch gelebt.

Dieses Verständnis ist wichtig bei solch einem Trauerfall. Denn die Eltern haben ihr Kind verloren. Sie haben es gefühlt, sie haben es gesehen und sie haben es geliebt.

Sprüche wie: Sie sind ja noch jung oder bestimmt werden sie bald wieder schwanger, sollte man sich tunlichst verkneifen.

Diese Aussagen trösten die Eltern in keinerlei Weise. Im Gegenteil, sie verletzen tief und sind respektlos, sowohl dem verstorbenen Baby als auch den Eltern gegenüber.

Um eine schöne Trauerfeier zu gestalten, kann man sich an anderen Dingen orientieren und daraus einen würdevollen Abschied formen.

Hierzu möchte ich Ihnen gerne ein paar Fragen zur Hilfe nennen:

Können Sie sich noch an den Tag des positiven Schwangerschaftstests erinnern?
Was haben Sie gedacht, als sie zum ersten Mal das Herz haben schlagen sehen?
Wann wussten sie, dass es ein Junge/ Mädchen wird?
Wann haben sie die ersten Tritte gespürt?
Was hatte es für Eigenarten?
Hat es nachts geschlafen oder die Mama wach gehalten?
Was haben Oma und Opa gesagt?
Was haben sie als erstes für ihr Baby gekauft?
Wie sieht das Kinderzimmer aus?
Wie war es, als sie ihren kleinen Liebling im Arm hielten?

Bei Geschwistern:
Haben sie sich auf ihr Geschwisterchen gefreut?
Haben sie mit dem Baby im Bauch schon geredet?

Natürlich muss man nicht alle Fragen stellen. Das muss man von den Eltern abhängig machen, je nachdem in wie weit sie sich öffnen möchten und diese Geheimnisse   bereit sind preiszugeben. Man braucht dafür viel Fingerspitzengefühl, damit die

Fragen nicht nur neugierig wirken.
Aber ich setze voraus, dass wenn man sich diesen Beruf ausgesucht hat, man auch über das nötige Feingefühl verfügt!

Nun zu den Möglichkeiten…

1.) Babysachen
Auch hier besteht wieder die Möglichkeit, ein paar Babysachen aus dem Kinderzimmer zum Sarg zu stellen oder zum Beispiel ein Paar Babyschuhe, eine Rassel oder ein Stofftier.

2.) Der Kinderwagen
Wenn es eine Urnenbeisetzung ist, kann es für die Mama ein bewegendes Gefühl sein, wenn sie die Urne im Kinderwagen zur Grabstelle fahren darf. Dieser Vorschlag mag für schon recht hart klingen, aber für manche Mütter ist das eine echte Option.

3.) Das Versprechen:
Eine weitere sehr persönliche Möglichkeit ist es, dem Baby ein kleines Versprechen zu geben, entweder von einem Elternteil, einem Großelternteil oder einem anderen sehr nahe stehendem Familienmitglied.

„Ich verspreche dir,
dass du immer ein Zuhause haben wirst.
Ich verspreche dir,
dass du immer geliebt werden wirst.
Und ich verspreche dir,
dass du immer eine Familie haben wirst,
die an dich denkt und dich niemals vergisst.
Denn du bist das Herzstück unserer Familie.“

„Wenn ich in den Himmel schaue, werde ich immer an dich denken und die vielen Sterne werden mich daran erinnern, dass du mir schon seit unendlich vielen Tagen fehlst."

„Irgendwann werden wir wieder vereint sein. Wir werden dich in unsere Arme nehmen, dich küssen, herzen und auf Händen tragen. Doch eines wird sich auch irgendwann nicht ändern und das ist die Liebe zu dir!"

Das waren Vorschläge, wie ein Versprechen aussehen könnte. Es ist natürlich den Angehörigen auch freigestellt, selbst ein Versprechen zu schreiben.

IM DEZEMBER

Die dunkle Jahreszeit setzt vielen Angehörigen noch einmal zusätzlich zu und besonders der Dezember. Alle warten auf Weihnachten, nur dieses Jahr wird es ohne den geliebten Menschen sein. Die Trauer macht der Angst und einem tiefen Schmerz Platz. Es wird nicht besser, es wird von Tag zu Tag schlimmer.
Wie wird Weihnachten überhaupt ohne ihn sein?
Will ich Weihnachten überhaupt dieses Jahr feiern?

Als wenn das nicht alles schon schlimm genug wäre, folgt dann noch der Jahreswechsel. Zum Ausgehen ist einem wirklich nicht zumute und man möchte sich am liebsten nur verkriechen und alleine sein.
Man möchte keinem ein frohes neues Jahr wünschen, denn das bedeutet, dass das alte Jahr vorbei ist. Das Jahr in dem ein geliebter Mensch verstorben ist. Alles hört sich dann schon so weit weg an und man bekommt vielleicht das Gefühl, gar nicht mehr so traurig sein zu dürfen, denn der Tod war ja im alten Jahr.

„Du musst auch mal wieder unter die Leute!"
„Dass du nur zuhause sitzt macht ihn auch nicht wieder lebendig!"
Mit diesen Aussagen wird man dann aus dem Haus mehr oder weniger schon gezwungen.

Richtig ist das bestimmt nicht, denn ich finde, es gibt eine Zeit, in der man traurig ist und es auch sein darf. Diese Zeit dauert für jeden Menschen unterschiedlich lange an und es liegt mit Sicherheit nicht an der

Außenwelt, diese Zeit der Trauer einzugrenzen. Jeder Mensch trauert anders und geht auch unterschiedlich mit seiner Trauer um. Wichtig ist es vor allem, dass jeder Mensch genügend Zeit bekommt für sich und seine Bedürfnisse. Diese Zeit sollte deshalb auch von den Mitmenschen toleriert und unterstützt werden.

Nun zu den aktiven Möglichkeiten für den Monat Dezember:

1.) Baumkugeln:
Wer sich immer über einen schönen Weihnachtsbaum gefreut hat, für den kann es vielleicht ein besonderes Gedenken sein, wenn man eine kleine Tanne in der Trauerhalle dekoriert und diese dann mit festlichen Baumkugeln schmückt.

2.) Das letzte Weihnachtsgeschenk:
Wenn ein naher Angehöriger schon ein kleines Weihnachtsgeschenk für den Verstorbenen gekauft hat, so kann er es in der Trauerhalle vorne auf den Sarg legen und dann mit ins Grab geben. (Natürlich davon abhängig was es ist!).Vielleicht möchte aber auch ein naher Angehöriger ein letztes kleines Weihnachtsgeschenk kaufen und dem Verstorbenen mitgeben.

3.) Die Adventskerzen:
Eine letzte Möglichkeit, die ich erwähnen möchte sind die Adventskerzen. Vielleicht möchten die Angehörigen den Adventskranz von zuhause mitbringen oder man bestellt einen beim Floristen.
Außerdem kann ich gerade in der dunklen Jahreszeit viele Kerzen empfehlen. Sie strahlen eine solche Ruhe und Gemütlichkeit aus. Aber vor allem schaffen sie es

auch immer wieder einem dieses warme Gefühl der Geborgenheit zu geben.

NACH DER TRAUERFEIER

Welche Frage man sich natürlich immer stellen kann ist diese: Wie geht es nach der Beerdigung weiter?

Viele gehen danach Kaffee trinken und es gibt die typischen Schnittchen mit Butterkuchen.
Aber auch in dieser Zeit könnte man sich noch einmal an den Verstorbenen erinnern.
Einige Angehörige könnten (echte) Fotos mitbringen, die man auf den Tischen auslegen würde und die Trauergäste könnten noch einmal in den schönen Erinnerungen schwelgen, die sie mit dem Verstorbenen verbunden haben.

Ganz Engagierte können sich auch einen Beamer bereitstellen und zum Kaffee über die Leinwand ein paar Bilder zeigen.

Vielleicht hat aber auch jemand der Trauergäste den Mut ein paar Worte über den Verstorbenen zu sagen. Eine schöne Geschichte über den Verstorbenen wäre passend und erheiternd zugleich.

Sehr oft liegt diese Zeit nach der Beerdigung nicht mehr in der Macht des Trauerredners. Gleichwohl wollte ich hier noch einmal aufzeigen, dass man selbst diese Zeit wunderbar nutzen kann, um dem Verstorbenen würdevoll zu gedenken.

SCHLUSSWORT

Warum habe ich dieses Buch geschrieben?

Dafür gibt es viele Gründe.

Zum einen wollte ich Ihnen als Trauerredner ganz viel Mut machen und sie dafür begeistern, wie schön unsere Arbeit ist und wie sehr es sich lohnt, sich Mühe zu geben, um einen ganz persönlichen Abschied zu gestalten.

Der Trend zeigt deutlich, dass Trauerfeiern mit Trauerrednern immer gefragter werden. Viele Bestatter rufen mich sogar an und sagen, wir brauchen jetzt auch tatsächlich einen Trauerredner.

Wiederum habe ich sogar Gemeinden, die sich nur noch Trauerredner wünschen, obwohl sie in der Kirche sind, eben weil die Reden so persönlich sind.

Ich denke in Zukunft wird das Verlangen nach einer individuellen Trauerfeier mehr und mehr zunehmen, natürlich braucht es noch ein wenig Zeit, ehe sich so manche Möglichkeiten in den Köpfen der Menschen manifestieren.

Doch ich erlebe es schon heute in meinem beruflichen Alltag, dass sich die Leute freuen über die Besonderheiten, die ich ihnen aufzeige, um ihre Trauerfeier zu etwas Einzigartigem zu machen.

Ich hoffe, dass ich in diesem Buch dafür ein wenig Ihr Interesse wecken konnte.

Vielleicht konnte ich aber auch einem interessierten Angehörigen ein paar Tipps mitgeben.

Zum anderen war ein Hauptbeweggrund für mein Buch, dass ich es selbst schade finde und darüber auch sehr traurig bin, dass jedes Leben anders ist, jede

Geburt, jeder Geburtstag, nur die Trauerfeiern sind es im Grunde alle nicht.

Beinahe egal, ob jung oder alt, tragisch oder altersschwach, alle werden sie mit den gleichen Worten abgespeist und unter die Erde gebracht.

Ich hoffe inständig, dass es bei mir einmal anders sein wird, vor allem dann, wenn ich noch jung sein sollte und meine Kinder, so klein, in der ersten Reihe sitzen.

Da ich mir eine schöne individuelle Trauerfeier wünsche, habe ich auch die Anforderung an mich, für meine Verstorbenen, die ich betreue die gleiche Möglichkeit zu schaffen.

Ich schreibe mit Absicht nur „eine Möglichkeit zu schaffen", denn es ist nicht meine Absicht den Menschen etwas aufzuzwingen. Denn nicht jeder möchte eine ganz persönliche Rede und hat dafür auch seine Gründe. Die Gründe gehen mich nichts an und ich achte diese Entscheidung.

Das gleiche gilt für die aktiven Möglichkeiten, die ich zu den einzeln Kapiteln beschrieben habe. Selbst eine Familie, die eine ganz persönliche Rede wünscht, möchte manchmal keine Aktionen. Auch diesen Willen respektiere ich. Mir geht es vor allem nur darum, die Möglichkeiten aufzuzeigen.

Aus der Erfahrung heraus kann ich sagen, dass die meisten eine ganz persönliche Rede wünschen. Die Reden, die ich gehalten habe und die sich eher mit übergeordneten Themen beschäftigt haben, kann ich wirklich, wie man so schön sagt, an einer Hand abzählen. Ich mag die persönlichen Reden, ich schreibe sie gerne und freue mich über das Vertrauen, dass mir von den Angehörigen geschenkt wurde.

Um zum Abschluss auch einmal aus dem Nähkästchen zu plaudern…

Mein Schriftbild ist unheimlich kritzelig. Ich streiche viel und mache Pfeile, markiere und manchmal benutze ich auch nur noch Symbole, wenn ich bei den Angehörigen zum Trauergespräch bin und mitschreibe. Nicht nur einmal wurde ich deshalb skeptisch angesehen und die Leute dachten bestimmt: Ob die ihre eigene Schrift überhaupt lesen kann?

Oh je, was haben wir uns nur dabei gedacht, die ist noch so jung, ihre Aufzeichnungen gleichen dem Bild eines Kindergartenkindes und die will einen würdevollen Abschied gestalten?

Zumindest stelle ich mir die Fragen so oder so ähnlich vor, wenn ich in ihre Gesichter schaue. Aber immer wenn ich diese Augen sehe, lese ich ihnen mein Geschriebenes am Ende vor und dann freuen sie sich. Manche sacken sogar ein wenig vor Erleichterung auf ihrem Stuhl zusammen oder sie sagen, dass es sich schon wie eine Rede anhört. Zumindest sind sie danach immer zufrieden und erleichtert und ich? Ich schmunzele ein wenig in mich hinein, das behalte ich aber für mich.

ÜBER DIE AUTORIN

Kathrin Bultmeyer wurde am 02.11.1984 in Hildesheim geboren. Ihre Kindheit verbrachte sie in einem ländlichen Dorf nahe Hildesheim. Nach der Schule absolvierte sie eine Ausbildung zur Gesundheits- und Krankenpflegerin in Hannover. Mittlerweile lebt sie in Nordrhein- Westfalen, ist verheiratet und Mutter von vier Kindern.